정치, 너의 정체를 밝혀라!

정치, 너의 정체를 밝혀라!

1판 1쇄 인쇄 | 2018. 1. 1
1판 1쇄 발행 | 2018. 1. 5

조은주 글 | 박현정 그림

발행처 도서출판 거인
발행인 박형준
책임편집 안성철
디자인 박윤선
마케팅 이희경 김경진
제작 이경호
등록번호 제2002-000121호
주소 서울시 마포구 와우산로48 로하스타워 803호
전화 02-715-6857, 6859
팩스 02-715-6858

값은 표지에 있습니다.
ISBN 978-89-6379-156-2 73340

행복한 정치이야기 1

정치, 너의 정체를 밝혀라!

정치, 정체를 밝혀라!

1. 정치가 뭘까? … 8
2. 민주주의가 뭐지? … 16
3. 국가란 무엇일까? … 28
4. 국민의 권리와 의무 … 34

정치, 나도 할래!

5. 민주주의 의사 결정 방법 … 42
6. 선거는 민주주의 꽃 … 46
7. 선거에도 원칙이 필요해 … 52
8. 모이면 힘이 세지는 정당 … 56
9. 내게만 유리한 이익집단 … 62
10. 모두의 이익을 생각하는 시민 단체 … 66
11. 우리 지역의 일은 우리 손으로 … 72
12. 국민의 소리, 여론과 언론 … 76

우리나라의 민주정치

13. 법을 만드는 곳, 국회 ⋯ 84
14. 나라의 살림꾼, 행정부 ⋯ 92
15. 공정하고 올바른 판결, 사법부 ⋯ 100

나라 밖 정치가 궁금해!

16. 민주정치의 시작 ⋯ 110
17. 모든 나라가 사이좋게 ⋯ 120
18. 나라끼리 서로 협력하고 도와줘요 ⋯ 126

정치, 정체를 밝혀라!

1. 정치가 뭘까?

- 멋진 화음을 이끄는 지휘자

사람들이 함께 사는 곳에는 정치가 필요해요.
그렇다면 정치란 무엇일까요?
우리가 함께 연주할 때를 생각해 보세요.
서로 큰 소리를 내겠다고 저마다 악기를 연주하면 악기 소리는 시끄러운 소음으로 변할 거예요.
하지만 악보를 잘 보면서 지휘에 맞추어 연주하면 소리를 크게 내야 할 때와 그렇지 않을 때를 잘 알 수가 있지요. 그런 소리들이 모여 서로 조화를 이루면 모두에게 아름답고 기분 좋은 연주가 될 거예요.
정치도 알고 보면 이처럼 멋진 화음을 만들어 내는 연주와 같다고 할 수 있어요.

이런저런 악기 소리를 모아 멋진 음악을 연주하듯
정치란 여러 사람들의 각기 다른 생각이나
의견들을 잘 조절해서 서로 다투거나 싸우지
않고 모두가 사이좋게 살아갈 수 있도록
하는 것이랍니다.

정치란
서로 다른 생각이나
의견을 잘 조절해서
질서를 지켜 가는
과정이에요.

핵심 포인트

- 질서를 만드는 정치

사람들이 모여서 살다 보면 서로 생각이 달라서 여러 가지 문제가 생겨날 수 있어요. 우리가 가끔씩 친구들과 다툴 때가 있듯이 말이에요.

기철이와 친구들은 수업이 끝나고 운동장에 남아 축구 연습을 하기로 했어요. 그런데 야구를 좋아하는 형기와 친구들도 운동장에 남아 야구 연습을 하기로 했데요. 이럴 땐 어떻게 해야 할까요?

서로 운동장을 먼저 쓰겠다고 한다면 싸움이 일어날 수도 있을 거예요. 그때 누군가 친구들의 의견을 모아 공평하게 월, 수, 금은 기철이와 친구들이 또 화, 목, 토는 형기와 친구들이 운동장을 쓰는 것으로 정한다면 큰 싸움 없이 문제가 잘 해결될 수 있을 거예요. 바로 그런 역할을 하는 것이 정치예요. 정치는 사람들 사이에 문제나 갈등이 생기지 않고 사이좋게 잘 살아갈 수 있도록 하는 거랍니다.

- 가족회의도 정치라고?

정치라고 하면 흔히 친구들과 상관없는 어른들의 관심거리거나 뉴스에 나오는 정치가의 일이라고만 생각하기 쉬워요. 정말로 그럴까요?

하지만 알고 보면 정치는 우리 생활 곳곳 어디서나 볼 수 있는 것이랍니다.

'이번 방학 때 가족 여행은 어디로 가지?' '쓰레기 분리수거는 누가 맡아서 할까?' 이런 문제들로 가족들이 모여 함께 의논을 하게 될 때가 있지요?

이렇게 집안의 크고 작은 일들을 가족이 모여 함께 의논하고 결정하는 것도 정치 활동이라고 할 수 있어요.

또 우리가 학교에서 반 친구들과 의논해서 청소 당번을 정하거나 급식 당번을 정하고, 더 좋은 반을 만들기 위해 학급회의를 하는 것 역시 정치 활동이라고 할 수 있어요.

그뿐 아니라 동네 어른들이 모여 반상회를 열어 마을의 중요한 일을 의논하고 결정하는 것들 모두 정치 활동의 하나랍니다.

나라를 다스리는 일이 좁은 의미의 정치라면 가족회의, 학급회의, 반상회 같이 서로 간의 의견을 조정하며 사회 질서를 바로 잡는 일들은 넓은 의미의 정치예요.

> **핵심 포인트**
> 집안의 크고 작은 일들을 가족이 모여서 의논하고 결정하는 것도 정치 활동이라고 할 수 있어요.

– 정치에는 신뢰와 책임이 필요해

정치는 사람들 사이의 문제나 갈등을 해결해서 모두가 사이좋게 잘 살 수 있도록 해줘요.
그렇다면 국민을 대신해 정치를 하는 정치가에게 가장 필요한 것은 무엇일까요? 잘 모르겠다고요?
정치를 하는 사람에게 필요한 자세는 거짓이 없는 마음과 책임감이에요.

그래야 사람들이
정치가를 믿고 따를 수 있어요.
여러분은 양치기 소년의 이야기를 들어본 적이 있지요?
양을 몰고 나갔던 양치기 소년은 심심할 때마다 늑대가 나타났다는 거짓말로 사람들을 속였어요.
하지만 정말 늑대가 나타났을 때는 몇 번이나 거짓말에 속은 사람들이 아무도 오지 않았어요.
정치를 하는 사람도 마찬가지로 나에게 도움이 된다고해서 다른 사람들에게 거짓말을 해서는 안돼요. 정치를 하는 정치가는 모두에게 옳고 공정한 사회가 되도록 노력해야 해요. 그래야 사람들이 정치가를 믿을 수 있는 거랍니다.

2. 민주주의가 뭐지?

― 민주주의에서는 우리 모두가 소중해

민주주의란 무엇일까요?

민주주의는 국민이 주인이고, 국민의 뜻에 따라 정치가 이루어지는 제도를 말해요.

민주주의 사회는 국민 한 사람, 한 사람이 모두 귀하고 소중하게 대접받아요. 남자건 여자건, 지위가 높고 낮고에 상관없이 민주주의 사회에서는 모두가 나라의 주인으로서 소중하게 대우 받아요.

다른 나라도 마찬가지예요. 민주주의를 추구하는 나라의 국민은 피부색이나 종교에 상관없이 우리처럼 모두가 나라의 주인으로 귀하게 대접받아요.

> **핵심 포인트**
> 인간의 존엄성이란 인간으로서의 대우를 받고 인간답게 생활할 수 있어야 한다는 민주주의의 기본 정신입니다.

이것이 바로 민주주의에서 가장 첫 번째로 생각하는 중요한 정신이에요. 조금 어려운 말로 '인간의 존엄성'이라고 해요. 인간의 존엄성은 인간은 인간으로서의 대우를 받고 인간답게 생활 할 수 있어야 한다는 것을 기본으로 하는 민주주의의 정신이랍니다.

- 민주주의에서는 자유와 평등도 중요해

자유는 다른 사람의 간섭을 받지 않고 스스로 무엇을 결정하고 선택할 수 있는 권리예요. 이를 위해서 우리는 자유롭게 생각하고 표현할 수 있어야 해요.

하지만 내 뜻대로 할 수 있다고 해서 뭐든지 다 내 맘대로 해도 되는 것이 자유는 아니에요.

만약 다른 사람이 다 자는 한밤중에 큰 소리로 노래를 부르거나, 내가 좋다고 다른 사람이 싫어하는 것을 억지로 강요한다면 다른 사람에겐 피해가 될 거예요.

민주주의 사회에서는 자유가 있다고 해서 다른 사람의 자유를 빼앗거나 피해를 주어선 안돼요.

자유를 누리더라도 자신의 행동과 결과에는 책임이 따른다는 것도 잊어선 안 되지요.

여자거나 남자거나 키가 작거나 크거나 상관없이 모든 사람이 공평하게 기회를 가져야 한다는 것이 평등이에요. 그렇다고 평등이 결과까지 똑같아야 한다는 것은 아니에요. 노력한만큼 더 좋은 결과를 얻는 것은 당연하니까요.

- 민주주의 제도
  법치주의와 삼권분립

국민은 나라의 주인이에요. 그러므로 나랏일은 국민의 뜻에 따라 이루어져야 해요. 나라의 주인으로서 국민은 대통령이나 국회의원들을 뽑고, 대통령과 국회의원은 국민을 대신해서 나랏일을 해요.

하지만 국민이 나라의 주인 된 권리를 가지고 있다고 해서 민주정치가 이루어지는 것은 아니에요. 민주정치가 제대로 이루어지기 위해서는 여러가지 제도가 필요해요.

그게 뭐냐고요?

아무렇게나 나라를 다스리는 것이 아니라 법에 따라 공정하게 나라를 다스려야 해요. 이것을 '법치주의'라고 하지요. 또 나라 힘이 한 곳에 집중되지 않도록 입법부, 사법부, 행정부가 공평히 서로 힘을 나누어서 나랏일을 보아요. 이것을 '삼권분립'이라고 해요.

이런 제도와 함께 정치가는 정직하고 성실히 나랏일을 해서 국민 모두가 행복하고 잘 살 수 있도록 애써야 하지요.

- 법에 따라 다스려요

법치주의란 법에 의해서 나라를 다스린다는 뜻이에요. 그런데 민주주의 사회는 왜 법에 따라 나라를 다스릴까요?
어느 날 배가 고픈 돌쇠가 옆집의 감나무에서 몰래 감을 따다가 주인에게 잡혔어요. 죄를 지은 돌쇠는 왕에게 끌려갔지요. 그런데 하필이면 그때 왕은 점심때 먹은 생선 가시가 목에 걸려서 몹시 짜증이 나 있었어요.
"감나무에서 몰래 감을 땄다고? 에잇! 기분도 안 좋은데, 곤장 오 백대!"
"지난번 삼돌이가 감을 땄을 땐 곤장이 세 대였는데, 이번엔 좀 많은 걸."
왕의 말을 듣고 사람들이 수군거렸어요.
그러자 왕이 소리쳤어요.
"그땐 기분이 나쁘지 않았을 때고, 지금은 기분이 나쁘다구!"

법이 없이 누군가가 마음대로 벌을 주거나 나라를 다스리게 되면 이렇게 돌쇠처럼 억울한 일이 정말 많을 거예요. 왕이 나라의 주인이였던 옛날에는 왕이 자기 마음대로 나라를 다스렸어요. 그래서 사람들의 불만도 많았지요.
하지만 국민이 나라의 주인인 민주 국가에서는 법에 의해 나라의 일이 결정되고 모든 사람이 이 법을 지켜야 하지요.
만약 법을 어기면 누구든지 법에 따라 벌을 받아요.

– 나라 힘을 나누어 가지는 삼총사

의자나 책상도 받치고 있는 다리가 균형을 잘 이뤄야 기울지 않고 튼튼하게 버틸 수 있는 것처럼 나라 힘도 마찬가지예요. 민주주의 국가가 되기 위해서 나라 힘도 어느 한 곳으로 집중되어서는 안돼요.

만약 나라 힘이 균형을 이루지 못하면 누군가가 자기 마음대로 나라를 다스릴 수 있으니까요. 그래서 민주주의 국가에서는 나라 힘이 균형을 이루도록 법으로 정해 두었어요.

입법부, 사법부, 행정부 이렇게 세 곳이 서로 공평하게 힘을 나누고 서로 맡은 일을 처리할 수 있도록 말이에요.

> **톡톡 맞춤지식**
>
> **입법부, 행정부, 사법부는 어떤 일을 하나요?**
>
> 입법부(국회)는 나라에 필요한 법을 만들어요. 행정부는 법에 따라 나랏일을 해요. 사법부는 법이 잘 지켜지는지 판단해요.

이들은 각각 상대방이 지나치게 힘이 커지거나, 힘을 함부로 쓸 수 없도록 서로 감시하지요.
이렇게 하면 입법부, 사법부, 행정부가 서로 의논하며 치우침이 없는 균형 있는 정치를 할 수 있어요.

- 서로 힘을 나누어요 -

- 직접 민주주의와 간접 민주주의

민주주의 국가에서는 국민의 뜻에 따라 나랏일이 이루어지고 결정되어요. 그렇다면 국민 모두가 직접 정치에 참여해야 하는 것일까요?

실제로 옛날 그리스 아테네에서는 남자 어른들이 모두 아고라 광장이라는 곳에 모여서 나랏일 하나하나를 직접 의논해서 결정했어요. 이렇게 국민이 직접 정치에 참여하는 것을 직접 민주주의라고 해요. 그런데 지금처럼 땅도 넓고 사람도 많은 나라에서는 그렇게 모두가 모여서 나랏일을 직접 결정하는 것이 쉽지 않은 일이에요.

국민 모두가 나서서 나랏일을 하게 되면 시간도 많이 걸릴 뿐 아니라 너무 복잡

핵심 포인트
간접 민주주의는 국민이 뽑은 정치가가 국민을 대신해서 나랏일을 하는 거예요. 이것을 대의 민주주의라고도 해요.

해질 수 있으니까 말이에요. 또 그 많은 사람들이 모일 수 있는 장소를 찾기도 어렵겠지요. 그래서 나온 것이 간접 민주주의예요. 간접 민주주의는 국민이 뽑은 대통령과 국회 의원 같은 사람들이 국민을 대신해서 국가 일을 결정하고 나랏일을 보게 하는 것이에요.

오늘날 많은 국가들은 이와 같은 간접 민주주의를 따르며 나라를 다스린답니다.

3. 국가란 무엇일까?

― 크고 위대한 국민의 나라 대한민국

부모님이나 친구들, 친척이나 동네 어른들 모두가 대한민국 국민이에요. 그래서 월드컵 대회나 올림픽 대회에서 다른 나라와 시합을 하게 되면 온 국민 모두가 다 같이 한마음이 되어 "대한민국~!" 하고 목이 터져라 응원을 하지요. '우리는 대한민국 국민'이라고 했을 때 대한민국이 우리나라 이름이라는 것은 누구나 다 알아요. 그런데 '대한민국'이라는 말에 어떤 뜻이 담겨 있는지 혹시 생각해 본 적이 있나요?

대한민국이라는 말에는 '크고 위대한 국민의 나라'라는 뜻이 담겨 있어요. 대한민국이라는 이름 대신

'한국'이라고 불리기도 해요. 이것은 나라 이름을 만들 때 대한민국을 줄여서 '한국'이라고 부를 수 있도록 했기 때문이에요.
우리나라 대한민국이 참 자랑스럽지요?
우리는 대한민국 국민으로 태어나 살아가게 되고 그 과정에서 지켜야 할 국민의 의무나 책임도 따르게 되지요.

핵심 포인트
우리는 대한민국 국민으로 태어나 살아가면서 지켜야 할 국민의 의무와 책임도 가졌어요.

- 국가를 이루는 세 가지 요소(영토, 국민, 주권)

세계에는 크고 작은 국가들이 서로 오밀조밀 이웃해 있어요. 여러 나라들 중엔 중국이나 러시아처럼 아주 큰 땅을 가진 나라도 있고, 모나코처럼 작은 나라도 있어요.
아주 옛날에는 국가가 없었어요. 큰 부족이 작은 부족을 정복하기도 하고 작은 부족끼리 뭉치기도 하면서 자연스럽게 국가로 발전했어요.
그러면 국가가 되기 위해서는 어떤 것들이 있어야 할까요? 먼저 사람들이 살아갈 땅이 있어야 해요. 이것을 다른 말로 '영토'라고 해요. 영토에는 땅 뿐만이 아니라 하늘과 바다가 모두 포함돼요. 그래서 영토에 속하는 하늘과 바다로는 다른 나라의 비행기나 배가 함부로 지나갈 수 없어요. 먼저 허락을 받아야 하지요.
다음으로는 영토에서 살아갈 사람들이 있어야 하는데 이를 '국민'이라고 해요. 우리가 대한민국 국민인 것처럼 말이에요. 그리고 마지막으로 필요한 것이 바로 '주권'이에요. 주권이란 주인으로서 한 국가를 다스리고 중요한 일을 결정할 수 있는 권리예요. 국가가 되기 위해서는 영토, 국민, 주권 어떤 것도 빠져서는 안돼요.

― 국가가 하는 일이 이렇게나 많아?

국가의 가장 중요한 역할은 국민이 마음 놓고 살 수 있도록 나라의 질서를 유지하고, 다른 나라가 침략하지 못하게 하는 것이에요.
국가는 모두가 지켜야 할 법을 정해 놓고 국민 누구도 억울한 일을 당하거나 차별받지 않도록 돌봐 줘요.
또 이웃이나 지역 주민끼리 서로 다투는 일이 생기면 공정하게 잘 해결될 수 있도록 도와주어요. 깨끗한 환경에서 국민이 살 수 있도록 자연과 환경을 보호하고, 쓰레기나 오염 물질을 함부로 버리지 못하게 단속하는 일도 하지요.
갑작스런 사고나 재난에 대비해서 경찰서나 소방서를 세우는 것도 국가가 하는 일이에요.
그 밖에도 여러 사람에게 도움이 될 도로, 도서관, 학교, 보육원 등을 짓거나 동사무소, 구청, 시청도 만들어요.
뿐만 아니라 국가는 국민이 안정된 생활을 할 수 있게 일자리를 만들고, 교육을 받을 수 있도록 해줘요. 만약 생활이 어려운 사람이 있으면 생활비를 주거나 아플 때 병원 치료를 받을 수 있도록 도와주고, 집이 없는 사람들을 위해 아주 싼 값에 집을 빌려 주기도 한답니다.

4. 국민의 권리와 의무

- 법으로 약속된 권리

한 나라의 국민이 자신의 뜻대로 잘 살기 위해서는 기본적인 권리가 보장되어야 해요. 우리는 대한민국 국민으로서 국가가 법으로 약속한 다섯 가지 기본적인 권리를 가지고 있답니다.

첫 번째가 자유권이에요. 자유권은 다른 사람에게 피해를 주지 않는 한, 국가의 간섭을 받지 않고 자신의 뜻에 따라 행동할 수 있는 권리지요. 내가 원하는 곳으로 갈 수 있는 자유, 내 생각을 말하고 알릴 수 있는 자유, 원하는 직업이나 종교를 가질 수 있는 자유 등이 모두 여기에 속해요.

두 번째는 평등권이에요. 평등권은 성별, 종교, 신분, 지역에 상관없이 모든 국민이 법 앞에서 차별받지 않고 공평한 기회를 가질 수 있는 권리예요.

선거를 통해 원하는 사람을 뽑고, 나랏일에 참여할 수 있는 권리도 있는데 이것을 참정권이라고 해요. 국민이 좀 더 행복하게 살 수 있도록, 일을 하거나 교육을 받고 깨끗한 환경에서 살 수 있도록 국가에 요구할 수 있는 권리는 사회권이라고 해요.

그런데 만약 내 권리를 침해받게 되면 어떻게 해야 할까요? 이런 때를 위해 청구권이 있어요. 우리가 학교생활을 하면서 불편한 점을 건의할 수 있는 것처럼, 청구권은 국민이 자기 권리를 지키기 위해 무언가를 건의하고 요구할 수 있는 권리예요.

- 권리와 의무는 단짝친구

나라의 주인으로서 국민이 누려야 할 권리가 있다면 그에 따르는 국민의 의무도 있답니다. 마치 실과 바늘처럼 권리와 의무는 항상 붙어 있는 거예요.

권리와 의무는 서로 다른데 어떻게 실과 바늘처럼 항상 같이 있다는 걸까요?

예를 들어볼까요. 우리는 깨끗한 환경에서 공부하고 지낼 권리가 있어요. 하지만 그러기 위해서는 함부로 쓰레기를 버리거나 환경을 더럽혀서는 안돼요.

또 우리가 친구들과 놀거나 쉴 권리가 있으면 열심히 공부해야 할 의무도 있지요.

이처럼 우리가 권리를 누리기 위해서는 의무와 책임도 함께 따라야 하지요.

> **핵심 포인트**
> 국민의 권리를 누리기 위해서는 국민의 의무도 잘 지켜야 해요.

만약 청소 시간에 누군가 꾀를 부려 청소를 하지 않는다면 어떻게 될까요? 꾀를 부린 친구 대신 다른 친구들이 청소를 하게 될 거예요.
마찬가지로 국민이 권리만 주장하고 의무를 지키지 않으면 모두가 힘들어지고, 나라 발전도 기대할 수가 없어요.

- 국민이 지켜야 할 의무에는 어떤 것들이 있을까?

나라를 지키는 일은 군인들뿐만 아니라 나라의 주인인 국민 모두가 지켜야 할 중요한 의무예요. 이것을 '국방의 의무'라고 해요. 나라가 위태로우면 누구도 맘 편히 살아 갈 수 없으니까요.

또 내가 필요한 것을 사기 위해서는 열심히 일을 해야 하는 '근로의 의무'도 있어요. 내 손으로 열심히 일을 해서 돈을 번다면 나를 위해 더 소중히 쓸 수 있을 거예요.

내가 번 돈이지만 함부로 써서 다른 사람에게 피해를 주지 않아야 한다는 '재산권 행사의 의무'도 있어요.

나라에서 필요한 일을 하도록 세금을 내는 '납세의 의무'

도 있어요. 그 돈으로 나라에서는 학교나 소방서, 도서관을 지어요. 매일매일 건강하고 기분 좋게 사람들이 살아가려면 깨끗한 환경도 지켜야 하는데 이것을 '환경 보전의 의무'라고 해요.
하지만 그 전에 먼저

우리가 해야 할 가장 첫 번째 의무는 나라의 주인이자 학생으로서 열심히 공부해야 한다는 '교육의 의무'가 있다는 걸 잊어선 안돼요.

톡톡 맞춤지식

국민의 의무도 법으로 정해져 있나요?

국민이 누려야 할 권리처럼 국민이 지켜야 할 의무도 헌법에 나와 있어요. 국가의 유지와 발전을 위해서 국민이면 누구나 의무를 지켜야 하지요.

정치, 나도 할래!

5. 민주주의 의사 결정 방법

－ 서로 생각이 다를 땐 대화와 타협을 해

나는 자장면이 좋은데 친구는 짬뽕이 더 좋데요. 이럴 때는 어떻게 할까요? 각자 좋아하는 걸로 먹으면 된다고요?

나는 축구를 하고 싶은데, 다른 친구는 컴퓨터 게임을 하자고 하면요?

나는 이것이 좋은데 다른 사람은 다르게 생각할 때도 많아요. 그건 생긴 것이 서로 다른 것처럼 생각이나 좋아하는 것도 다를 수 있기 때문이에요.

이럴 땐 어떻게 하는 것이 좋은 방법일까요?
여러 사람의 생각이 다를 땐 여러 의견을 내놓고 대화를 하면서 더 좋은 결과를 얻을 수 있도록 함께 생각을 모아요.
민주주의에서 문제를 해결하는 방법도 이와 같아요.
서로 다른 생각들에 대해 대화하고 의논해서 모두가 받아들일 수 있을만한 하나의 의견으로 생각을 모으는 것이지요. 이것을 타협이라고 해요.

— 더 많은 사람이 찬성하는 다수결의 원칙

대화와 타협이 중요한 것은 알지만 가끔은 아무리 많은 대화를 해도 결론이 나지 않을 때도 있어요. 우리가 학급회의 할 때를 생각해 보세요. 서로 의견이 맞서서 결론을 낼 수 없을 땐 많은 사람들이 찬성하는 쪽의 의견을 따라요. 언제까지 대화만 하다 보면 문제를 해결할 수가 없으니까요. 이것을 다수결의 원칙이라고 해요.

많은 사람이 찬성하는 쪽으로 결정짓는 이유는 그것이 더

더 많은 사람들의 의견을 따르는 방법을 다수결의 원칙이라고 해요.

많은 사람의 생각과 의견을 받아들이는 것이라고 생각하기 때문이에요.

하지만 다수결의 원칙을 따를 땐 잊지 말아야 할 것이 있어요. 많은 사람의 의견을 따르다 보면 자칫 소수의 의견이 무시될 수 있어요. 그건 다양한 의견을 존중하는 민주주의 성격에 어긋나는 일이에요. 그래서 다수결의 원칙을 따를 땐 소수의 의견도 충분히 존중하는 태도가 필요해요.

6. 선거는 민주주의 꽃

- 국민을 대표할 대신맨 뽑기

민주주의 국가에서는 국민의 뜻에 따라 나라를 다스려요. 하지만 국민이 직접 나라의 중요한 일을 결정하고 처리하기엔 국민의 수가 너무 많지요. 그래서 그 일을 대신해서 대표로 일해 줄 사람을 뽑기로 했어요.

이렇게 국민을 대신해서 나랏일을 맡아 할 대신맨을 뽑는 것을 선거라고 해요. 대통령이나 국회의원 같은 사람들이 바로 그런 대신맨이에요.

그렇다면 어떤 사람을 대신맨으로 뽑아야 할까요? 여러분은 반장 선거를 할 때 반을 위해 성실하고 책임감 있게 일해 줄 사람이 반장이 되면 좋겠다고 생각할 거예요.

마찬가지로 국민을 대신할 대신맨 역시 국민을 진심으로 위하는 성실하고 책임감 있는 사람이면 좋을

거예요. 그래서 대신맨을 뽑을 때에는 후보자로 나온 사람의 인물 됨됨이를 살펴보고 그가 내세운 약속도 꼼꼼히 따져 봐야 해요. 그리고 당선된 후에 국민을 속이거나 위험에 빠뜨리는지도 잘 살펴봐야 하고요.

- 나는 왜 투표권이 없지?

부모님께서 투표하는 것을 본 적이 있나요?
어른들이 투표하는 것을 보면 전혀 어려울 게 없을 것 같아요. 그냥 커튼 안으로 들어가서 도장만 찍고 나오면 되니까요. 그런데 왜 우리 친구들은 투표권이 없는 걸까요?
그건 법으로 투표할 수 있는 나이가 정해져 있기 때문이에요. 우리나라는 만 19세가 되어야 투표에 참여할 수 있답니다. 그렇게 하는 이유가 뭐냐고요?
어린이는 어른에 비해 사회 경험이 부족하지요. 또 자기 생각이나 가치관이 자라나는 때여서 공부나 경험이 더 필요하다고 생각하기 때문이에요.

그래서 적어도 만 19세가 되어야 자기 행동에 대해 책임질 수 있고, 나라에 정말 필요한 사람이 누군지도 알 수 있다고 보는 거예요.

> **핵심 포인트**
> 우리나라에서는 만 19세가 되어야 투표권이 주어져요.

그건 다른 나라도 마찬가지예요. 미국은 만 18세가 되어야 투표할 수 있고, 일본은 만 20세가 되어야 투표권을 가질 수 있데요.

— 승부는 정정당당하게!

오늘은 반장 선거가 있는 날이지만 성철이는 학교 가는 발걸음이 무거워요. 반장 선거에서 성철이는 가장 친한 친구 민우를 뽑아 주기로 했는데, 어제 그만 다른 친구를 뽑아 주기로 하고 아이스크림을 얻어먹었거든요.

민우를 뽑아 주자니 아이스크림 먹은 것이 양심에 걸리고 그렇다고 다른 친구를 뽑아 주자니 민우와의 우정이 마음에 걸려요.

이럴 땐 어떻게 해야 할까요? 그래요. 그런 것들에 상관없이 학급의 어려운 일도 솔선수범하고, 다른

친구들도 잘 도와주는 그런 친구를 회장으로 뽑아야겠지요.
어른들의 선거도 마찬가지예요.
어른들의 선거에서도 성실하고 정직한 사람을 뽑는 것도 중요하지만, 선거가 깨끗하고 공정하게 치러지는 것도 중요해요.
만약 그렇지 않으면 국민은 불만을 가지게 되고, 서로 믿고 함께 힘을 뭉칠 수도 없어요.
그러면 경제나 사회가 불안해져서 나라 발전도 기대할 수 없게 된답니다.

톡톡 맞춤지식

선거관리위원회가 뭐지?

선거관리위원회는 선거가 공정하게 치러질 수 있도록 관리하고 감독하는 일을 해요. 선거가 없을 때는 바른 선거에 대한 홍보 활동도 해요.

7. 선거에도 원칙이 필요해

― 누구나, 똑같이 한 표씩 (보통선거, 평등선거)

민주정치가 이루어지기 위해서는 선거가 아주 중요해요. 그래서 선거에 기본이 되는 몇 가지 원칙을 법으로 정해 놓았어요. 그건 바로 누구나, 똑같이, 아무도 모르게, 내 손으로 직접 뽑아야 한다는 거예요.

만 19세 이상의 사람이라면 누구나 투표할 수 있는데, 이것을 보통선거라고 해요.

똑같이 한 표씩 투표하는 것을 평등선거라고 해요. 만약에 여자라서 투표할 수 없다거나 종교가 달라서 투표할 수 없다고 한다면 말도 안 되겠지요? 또 힘이 세거나 재산이 많다고 여러 번 투표하는 것도 마찬가지구요.

그런데 이렇게 당연한 것들이 지켜지기 까지는 오랜 세월이 걸렸답니다. 우리나라에서는 1948년부터 비로소 여자와 남자 모두가 투표권을 가지게 되었어요.

- 아무도 모르게, 내 손으로!(비밀선거, 직접선거)

우리가 반장 선거를 할 때 옆에 앉은 친구에게 내가 누굴 뽑았는지 알려 주거나 보여 주지 않지요?
친구가 나중에 자기를 뽑아 주지 않은 걸 알게 되면 섭섭해 할지도 모르니까요. 또 아파서 결석한 친구 대신 내가 투표를 해주는 경우도 없어요.
내가 누굴 뽑는지 다른 사람이 모르게 투표하는 것을 비밀선거라고 해요. 비밀선거를 하는 이유는 누구에게 투표할 것인지 다른 사람에게 알려지면 자신의 뜻에 따라 마음대로 투표할 수 없기 때문이에요.
우리는 바쁜 부모님을 대신해서 투표할 수 없어요. 그리고 몸이 불편한 친구를 대신해서 투표할 수도 없어요.

이렇게 내 손으로 직접 투표하는 것이 직접선거예요. 만약 그렇게 다른 사람 대신 투표하게 되면 처벌을 받을 뿐 아니라 투표를 한 표도 무효가 되지요.

톡톡 맞춤지식

미국에서는 간접선거를 한다고?

미국에서는 선거인단이 대통령을 선출하는 형식상 간접선거를 해요. 하지만 내용면에서 보면 직접선거의 특징을 가진답니다.

8. 모이면 힘이 세지는 정당

- 정당이 뭐지?

정당이란 정치적으로 뜻을 같이 하는 사람들끼리 모인 집단이에요.

우리가 부모님께 무언가를 원하는 것이 있을 때 형과 동생이 함께 부탁하는 것이 더 좋은 것처럼 혼자보단 여럿이 힘을 합치면 뜻을 펼치기가 쉽지요.

정당이 생겨나는 것도 바로 그 때문이랍니다. 정당의 가장 큰 목적은 나랏일을 할 수 있는 힘을 갖는 거예요. 그래서 각 정당에서는 자기 정당에 속한 사람이 대통령이 되고, 국회의원이 될 수 있도록 애써요.

> 정당이란 정치적으로 같은 뜻을 가진 사람들이 모인 집단이에요.
>
> 핵심 포인트

보통 우리는 대통령이 나온 정당을 여당이라고 하고, 그렇지 못한 당을 야당이라고 불러요. 힘을 가진 여당은 자신들을 선택해 준 국민이 더 편하고 행복하게 살 수 있도록 노력해야 하지요.

야당도 나랏일을 하는 정부나 여당이 정치를 잘 하는지 감시하고, 만약 문제가 있거나 잘못이 있다면 그것을 지적하고 고쳐 나갈 수 있도록 함께 도와야 해요.

- 우리는 복수 정당제, 많으면 고르기가 좋아!

우리나라에는 여러 개의 정당이 있어요. 보통 세 개 이상의 정당을 가지는 것을 다당제라고 해요. 다른 말로 복수 정당제라고도 해요. 말 그대로 정당이 많다는 뜻이에요.

각각 다른 뜻과 생각을 갖는 정당이 많으면 국민은 자신의 뜻에 맞는 정당을 고르기가 쉬워요. 그만큼 국민의 생각을 다양하게 반영할 수도 있지요.

만약 우리가 아이스크림을 사려고 했을 때 가게에서 파는 아이스크림의 종류가 한 가지밖에 없다면 어떻게 될까요?

별로 좋아하는 것이 아니라도 어쩔 수 없이 아이스크림을 사거나 아니면 아예 사지 않거나 하겠지요. 그러나 가게에서 파는 아이스크림 종류가 많다면 그 중에 내가 좋아하는 것을 골라서 살 수 있을 거예요.

마찬가지로 정당도 여러 개가 있으면 국민이 선택할 수 있는 폭이 그만큼 넓어질 거예요. 따라서 여러 개의 정당이 있는 나라에서는 국민의 생각과 뜻을 다양하게 반영할 수 있다는 장점이 있답니다.

- 어느 쪽이 더 나을까?

우리나라처럼 프랑스나 독일도 다당제예요.
각각 다른 뜻과 생각을 갖는 정당이 많으면 국민은 자신의 뜻에 맞는 정당을 고르기가 쉽고 그만큼 다양한 생각을 반영할 수 있지요.
하지만 나쁜 점도 있어요. 여러 개의 정당이 저마다 자기 주장을 내세우다 보면 나라가 혼란해질 수 있어요. 또 이익에 따라 정당끼리 자주 뭉치고 흩어질 수도 있지요.

프랑스   한국   독일

다양한 국민의 뜻! 우리는 다당제

그래서 양당제를 실시하는 나라도 있어요. 영국이나 미국이 그런 나라예요. 하지만 양당제라고 해서 단 두 개의 정당만 있는 것이 아니라, 대표적인 두 개의 정당이 국민의 지지를 받는 거예요. 만약 두 개 이상의 정당을 만들 수 없다면 그건 민주주의 국가가 아니니까요. 양당제는 여러 개의 정당이 있을 때 보다 더 안정되고, 책임 있는 정치를 할 수 있어요. 하지만 국민이 선택할 수 있는 정당의 수가 적어서 다양한 국민의 뜻을 만족시키기 어려울 수도 있어요.

미국   영국

9. 내게만 유리한 이익집단

- 나를 위한 이익집단

자신에게 이롭거나 관심이 있는 것을 위해 모인 집단을 이익집단이라고 해요. 노동조합이나 종교 단체, 전문가 집단 등이 이익집단이지요.

이익집단이 생기는 이유는 점점 더 사람들이 원하는 것이 많아지고 또 서로 원하는 것들이 복잡하게 얽혀 있기 때문이에요.

노동조합을 예로 들어볼까요? 회사를 운영하는 사장님은 적은 돈으로 많은 이득을 얻고 싶어 해요. 반면 회사에서 일하는 근로자는 더 좋은 환경에서 많은 월급을 받고 싶어 하지요. 이렇게 같은 회사에서 사장님과 일하는 근로자의 생각이 다르면 갈등이 생길 수 있어요.

만약 어떤 사람이 사장님에게 찾아가 월급을 더 올려 달라고 하고, 휴식 시간도 더 늘려 달라고 하면 어떻게 될까요? 사장님이 그럴 생각이 없다면 그 얘기를 한 사람은 오히려 회사에서 쫓겨나게 될지도 몰라요. 그래서 근로자는 자신들이 원하는 것을 얻기 위해 단체를 만들어요. 이것이 노동조합이에요. 여럿이 힘을 모아 단체를 만들면 자신의 의견이 더 잘 전달되기 때문이에요. 하지만 너무 자신의 이익만 내세우게 되면 다른 사람들에게 피해를 줄 수도 있어요.

이익집단

- 어떤 단체들이 있을까?

이익집단은 권리나 이익이 필요한 곳 어디서나 볼 수 있어요. 이런 이익집단에는 어떤 것들이 있을까요?
먼저 기업을 대표하는 사람들이 만든 단체가 있어요. 전경련이라고도 하는 전국경제인연합회가 있고, 기업 대표들이 모인 한국경영자총협회도 있지요. 기업을 대표하는 사람들이 모인 이런 단체들은 무엇보다 많은 돈을 움직일 수 있어요.
또 노동자들이 자신의 이익과 권리를 보호하기 위해 만든 단체도 있어요. 흔히들 한국노총이라고 부르는 한국노동자총연합회, 민주노총이라고 불리는 전국민주노동조합총연맹이 대표적인 노동자 단체예요.
이 단체는 근로자가 더 나은 환경에서 일 할 수 있도록 애를 써요.

핵심 포인트
사회가 발달하고 복잡해질수록 이익집단도 많아져요.

전문적인 일을 하는 사람들이 모여서 만든 것이 전문가 이익집단이에요. 대한변호사협회, 대한의사협회, 대한약사협회 등이 그런 집단이지요.
이들 이익집단은 자신이 속한 분야에서 봉사 활동도 하지만 자신들의 지위나 권리를 높이기 위해 애를 쓰기도 해요.

10. 모두의 이익을 생각하는 시민 단체

- 시민 단체가 뭐지?

시민 단체는 시민의 뜻을 모아 나라의 정책에 반영시키기 위해 노력하는 단체로, 국민의 이익을 위해 활동하는 단체예요. 따라서 시민들의 의사가 정치 과정에 직접 반영되지요. 시민 단체가 어떻게 일을 하는지 환경 단체의 예를 들어 볼까요?

톡톡 맞춤지식

이익집단과 시민 단체는 어떻게 다를까?

이익집단은 자신이 속한 집단의 이익과 권리를 위해 모인 단체지만, 시민 단체는 시민 모두의 이익을 위해 일하는 단체예요.

동수네 마을 앞에는 맑은 개울이 있어서 친구들은 매일매일 이곳에서 물장난을 치고 놀았어요.

그런데 동네에 큰 비료 공장이 들어선 뒤에는 가끔씩 개울물에서 이상한 냄새가 나거나 거품이 떠내려 오기도 했어요. 마을 어른들은 그런 일들이 비료 공장에서 몰래 폐수를 버려서 생겨난 일이란 것을 알아냈어요.
사람들은 더 이상 폐수를 버리지 못하게 공장에 건의하고 또 정부 기관에 알려 폐수를 버리는 경우 큰 벌금을 물리도록 했데요.

- 시민 단체의 종류

더 나은 생활을 위해 애쓰는 시민 단체는 다양한 분야에서 활동하고 있어요.

참여연대나 정치개혁시민연대 같은 시민 단체는 정치 활동을 하는 단체예요. 이런 단체들은 선거가 공정하게 이루어지는지 감시하고, 깨끗한 정치인을 뽑기 위해 노력해요.

경제와 관련된 시민 단체도 있어요. 우리나라 최초의 시민 단체인 경제정의실천연합이 바로 그런 것이에요. 이런 단체들은 경제 살리기 운동, 직업을 잃었거나 직업이 없는 사람들의 생계 안정, 직업 안정 같은 여러 경제적인 문제를 해결하기 위해 노력해요.

환경연합이나 녹색연합은 환경과 관련된 시민 단체예요. 댐 건설, 녹지 개발 등으로 환경이 파괴되는 것을 막아 깨

끗하고 아름다운 자연을 지키기 위해 노력하지요.
참교육을 위한 전국학부모회같이 교육 활동을 하는 시민 단체는 더 나은 교육 환경을 만들 수 있도록 애를 써요.

- 지구촌의 더 나은 세상을 위해

시민 단체는 나라 밖에서도 활동해요.
만약 힘이 센 나라가 자기의 이익을 위해 약한 나라를 위협하고, 핵무기를 만들어 지구 환경을 파괴한다면 큰 문제가 되겠지요? 그래서 여러 나라 시민 단체들이 이런 문제를 해결하기 위해 서로 힘을 모아요.
이런 국제 시민 단체로는 앰네스티라고 하는 국제사면회가 있어요. 이 단체는 정치와 종교적인 신념 때문에 억울하게 감옥에 갇힌 사람들의 석방을 돕고 고문이나 사형 제도를 없애기 위해 노력하지요.
또 지구 환경을 위해 노력하는 그린피스라는 단체도 있어요. 그린피스는 핵실험 반대, 멸종 위기 동물 보호 등의 활

동을 벌이는 국제적인 환경보호 단체예요.
전쟁이나 자연재해, 굶주림 등으로 고통 받는 사람들을 도와주고 보호하는 국경없는의사회는 의료 구호단체예요.
전 세계의 의사와 간호사, 의료 관련 분야의 사람들이 인종, 종교, 지역, 정치에 상관없이 봉사 활동을 벌이지요.
집 없는 가난한 사람들에게 집을 지어주는 해비타트나 긴급 구호 사업 등을 통해 가난한 나라를 돕는 월드비전도 대표적인 국제 시민 단체예요.

11. 우리 지역의 일은 우리 손으로

― 지역 주민이 함께하는 지방자치

지방자치란 지역에서 일어나는 일을 그 지역 사람들이 선출한 기관을 통해 처리하게 하는 제도예요.
이렇게 지방자치를 하는 이유가 뭘까요?
지방자치는 지방자치단체가 중앙 정부로부터 자율성을 가지고 일을 처리하는 제도예요. 따라서 각 기관이 힘을 나누

는 권력 분립의 기능도 가지고 있어요. 또 지방자치는 주민이 자신이 속한 지역의 일을 지역 기관을 통해 해결하는 제도이므로 민주정치를 실현하는 방법이기도 해요.

우리 마을에 놀이터가 필요한지 하수도 시설을 더 늘려야 하는지는 그 마을 사람들이 가장 잘 알거예요.

그런데 지역 사정을 잘 모르는 사람이 그 지역의 일을 하면 어떤 것이 필요한지 알 수 없을 거예요.

하지만 지역 사정을 잘 아는 주민과 기관이 그 지역의 일을 스스로 하면 필요한 일을 알아서 결정하고 처리하기 때문에 일 처리도 빠르고 문제가 생겼을 때도 더 빨리 해결할 수 있어요.

- 편리한 공공기관

건물에 불이 났어요. 이럴 땐 어떻게 해야 하지요? 어서 빨리 119 소방서로 연락해요.
집안에 도둑이 들었어요. 이럴 때는요? 그럴 땐 당연히 경찰서에 알려야지요.
그럼 필요한 책을 빌려야 할 때는요? 도서관에 가면 돼요.
군대에 간 삼촌에게 편지를 부치려면 우체국으로 가면 되고, 예방주사를 맞으려면 보건소에 가요.
우리 주변에는 우리의 생활을 도와주는 기관이 많이 있어요. 이런 곳들을 공공기관이라고 해요. 공공기관은 국민이 좀 더 편리하고 안전하게 살 수 있도록 나라나 지역에서 만든 기관이에요. 그래서 공공기관은 누구나 이용할 수 있어요.

> 핵심 포인트
> 공공기관은 국민이 편리하고 안전하게 살 수 있도록 만든 기관이에요.

우리가 주변에서 흔히 볼 수 있는 공공기관으로는 시청, 군청, 동사무소, 경찰서, 소방서, 우체국, 보건소, 도서관, 박물관 등이 있어요. 이런 공공기관들은 사람들이 찾기 쉽고 교통이 편리한 지하철역, 버스 정류장 근처에 있거나 사람들이 많이 다니는 중심지에 모여 있지요.

우리는 알게 모르게 이와 같이 편리한 공공기관의 도움을 받고 있답니다.

12. 국민의 소리, 여론과 언론

- 국민의 뜻은 하늘의 뜻?

옛날부터 전해 오는 말 중에 '민심은 천심'이라는 말이 있어요. 이것은 나라를 다스리던 사람이면 누구나 새겨 들어야 할 말로 백성의 뜻이 바로 하늘의 뜻과 같다는 말이에요. 국민의 생각이나 의견이 나랏일을 결정하는데 그만큼 중요하다는 뜻이기도 하지요.

국민의 의견을 여론이라고 해요. 여론은 대부분의 사람들이 그렇다고 생각하는 의견을 말해요.

도서관 이용 시간을 늘려 주세요!

예를 들어 우리가 이용하는 시립 도서관은 여섯 시가 되면 문을 닫아요. 그런데 도서관을 이용하는 친구들 대부분이 여섯 시에 도서관 문을 닫는 것은 너무 이르다고 생각해요. 그래서 도서관 이용 시간을 묻는 설문지를 돌렸더니 많은 친구들이 여덟 시에 도서관 문을 닫았으면 좋겠다는 대답이 나왔어요.

여기서 여론이란 바로 대부분의 친구들이 대답한 것처럼 도서관을 여덟 시까지 이용했으면 좋겠다는 생각이에요. 이렇게 생각하는 친구들이 많으면 도서관에서는 도서관 이용 시간을 여덟 시로 바꿀 수도 있어요.

이처럼 여론이란 대다수의 국민들이 가진 의견과 생각이기 때문에 만약 여론이 반영되지 않는 정치는 민주정치라고 할 수 없어요.

- 국민의 눈과 귀, 신문 방송

우리는 방송이나 신문 등을 통해 매일매일 세상에 어떤 일이 일어나는지 알 수 있어요.

이렇게 세상에서 일어나는 일을 알리는 것을 언론이라고 해요. 언론은 사람들의 생각과 의견에 큰 영향을 미쳐요.

뉴스에서 학교 주변의 사고 소식과 함께 교통 안전에 문제가 많다는 소식이 전해졌어요. 그 소식을 들은 부모님은 학교에 다니는 자녀들을 걱정할 거예요. 그래서 정말로 문제가 될 만한 점이 발견된다면 관련 기관에 알려서 문제를 해결해 달라고 요구하겠지요.

언론은 이렇게 어떤 일을 사람들에게 알려서 사람들의 생각이나 행동에 영향을 줄 수 있어요. 또 언론은 정부에서 하는 잘못된 일을 비판하고, 왜 잘못된 일인지에 대해 국민들에게 적극적으로 알려 주는 일도 해요. 그렇기 때문에 언론은 어느 한 쪽으로 치우치지 않아야 하고, 제때 정확한 사실을 알려 주어야 해요. 또 국민이 올바른 판단을 할 수 있도록 언론은 국민의 충실한 눈과 귀가 돼 줄 수 있어야 한답니다.

— 현대식 신문고, 인터넷

요즘엔 인터넷을 통해 집에서 할 수 있는 것들이 많아요. 친구들이 좋아하는 컴퓨터 게임도 할 수 있고, 숙제할 때 모르는 것이 있으면 찾아볼 수도 있지요. 또 쇼핑을 하거나 은행 일을 보기도 하고 뉴스나 각종 문화 생활을 즐길 수도 있어요. 그것 말고도 할 수 있는 일이 뭐가 있을까요?
인터넷을 이용하면 시청이나 구청에서 필요한 서류를 뗄 수 있고, 대통령에게 편지도 보낼 수 있어요.

시청, 구청, 정치가들도 인터넷 홈페이지를 통해서 국민들에게 필요한 내용과 자신들이 한 일들을 알릴 수 있어요.

또 컴퓨터 통신을 통해 다른 사람들과 토론을 할 수도 있어요. 이런 것들을 전자민주주의라고 한답니다.

옛날에는 백성들이 억울한 일을 당하면 신문고라는 북을 쳤데요. 그러면 임금님이 직접 북소리를 듣고 북을 친 사람의 억울한 사연을 들어 주었지요.

하지만 지금은 더 이상 그럴 필요가 없어요. 인터넷을 이용하면 국민들은 자신의 생각을 바로바로 정치가들에게 알릴 수 있고 정치가도 국민들이 어떤 생각을 하는지 금방 알 수 있으니까 말이에요.

우리나라의 민주정치

13. 법을 만드는 곳, 국회

- 날마다 바쁜 국회

'딩동딩동' 날마다 바쁜 통장 할머니가 동네 일로 도장을 받으러 오셨어요. 마을 앞 공터에 화단을 세우는 일 때문이래요. 통장 할머니처럼 국민을 위해 날마다 바쁜 곳이 있데요. 바로 국회의원이 모여 있는 국회예요. 국민이 직접 뽑은 국회의원들이 모인 국회는 하는 일이 무척 많아요. 국민을 위한 법도 만들고, 다른 나라와 관계를 맺고 약속을 정할 때 그것에 찬성할지 반대할지도 결정해요.

또 국회는 정부가 한 해 동안 나라 살림을 어떻게 할 건지에 대해 계획을 세우면 그 계획이 잘 세워졌는지 심사도 해

> **핵심 포인트**
> 국회는 국회의원들이 회의를 하면서 나랏일을 의논하는 곳이에요.

요. 계획에 따라 나라 살림을 잘 하는지에 대해서도 꼼꼼히 살펴봐요. 국민이 낸 귀중한 세금이 엉뚱한 곳에 낭비되어서는 안 되니까요.

국회는 혹시 대통령이 법을 어기고 잘못을 한 경우에 국민의 뜻에 따라 대통령을 자리에서 물러나게 할 수도 있어요. 이런 중요한 일 모두가 국회의원들이 모인 회의에서 결정된답니다.

- 법은 어떻게 만들까?

국회의 가장 중요한 일은 법을 만드는 일이에요. 그래서 국회를 입법부라고 하지요. 그렇다면 법은 어떻게 만들까요? 먼저 국회의원들이 어떤 법률을 만들자고 의견을 내요. 그러면 그 의견을 관련된 상임위원회가 심사를 해요.

상임위원회란 경제, 외교, 교육, 국방 등 그 분야에 관심이 많고 잘 아는 국회의원들의 모임이에요. 상임위원회의 심사를 거치면서 의견은 전문적이고 더 좋은 결과를 얻을 수 있어요.

가령 '토요일을 가정 학습일로 정하자' 라는 의견이 있으면 이것은 교육과 관련된 것이므로 교육위원회에서 의논을 해요. 찬성할지 반대할지의 여부도 가리고요.

만약 찬성하게 되면 국회의원이 전부 모인 회의에서 다시 의논하고 검토해요. 여기서도 찬성할지 반대할지를 투표로 가려서 찬성이 많으면 새 법이 될 수 있어요.

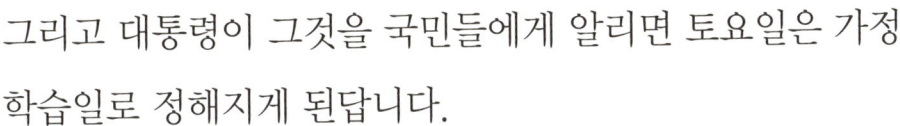

그리고 대통령이 그것을 국민들에게 알리면 토요일은 가정 학습일로 정해지게 된답니다.

휴, 복잡하다고요? 법을 만드는 일은 어려운 일이에요.

– 국민을 대신하는 대신맨, 국회의원의 의무와 권한

국민을 대신해서 나랏일을 하는 사람들이 국회의원이에요. 그렇기 때문에 국회의원은 자신을 위해 직업을 가지거나 일을 해서는 안돼요. 또 자신의 이익을 생각해서도 안 되고요. 국회의원은 정직하고 성실하게 국민과 국가 이익을 위해 일해야 해요.

그럼 국회의원은 어떤 자세를 가져야 할까요?

국회의원은 국회에 열심히 나와서 국민의 어려운 점과 힘든 점을 고민하고 의논해야 해요. 국민이 잘 살 수 있도록 애써야 하고요.

국민의 대표로서 부끄럽지 않게 자신의 말, 행동, 태도에도 책임을 져야 해요. 그것이 바로 자신을 믿고 뽑아준 국민에 대한 보답이에요.

> **핵심 포인트**
> 국회의원이 갖는 대표적인 두 가지 권리는 불체포특권과 면책특권이에요.

국회의원으로서 이런 책임을 다하기 위해선 그에 따른 권리도 있어야 하겠지요. 국회의원은 회기 중에 체포할 수 없다는 불체포특권과 국회 안에서 한 일에 대해 국회 밖에서 책임을 지지 않는다는 면책특권을 가져요.

- 대신맨이 되고 싶니?

국민을 대표하는 국회의원은 국민이면 누구나 될 수 있어요. 친구들 중에는 '그럼 나도 국회의원이 될 수 있나?' 하고 생각하는 사람이 있을지도 몰라요. 물론 우리 친구들도 국회의원이 될 수 있어요. 하지만 먼저 어른이 될 때까지 기다려야 한답니다. 국회의원 후보로 나서려면 만 25세 이상이 되어야 하니까요.

그럼 국회의원은 어떻게 되는 걸까요?

먼저 국회의원을 뽑는다는 선거 공고가 나면 국회의원이 되고 싶은 사람이 후보자로 등록을 해요. 그리고 벽보를 붙이거나 연설을 해서, 국회의원으로 당선이 되면 어떤 일을 하겠다는 내용과 자신에 대해 사람들에게 알려요. 선거 운동을 하는 거지요.

그러면 국민은 후보자의 됨됨이를 보고 투표를 해요. 그래서 투표에서 가장 많은 표를 얻은 사람이 그 지역의 국회의원이 되는 거예요.

14. 나라의 살림꾼, 행정부

― 우리 집 살림은 엄마, 나라 살림은 행정부

우리가 학교에서 열심히 공부하고 아무 걱정 없이 잘 자랄 수 있도록 우리 집에는 엄마, 아빠가 돈을 벌어 알뜰하게 살림을 꾸려가요.

마찬가지로 나라도 국민이 낸 세금으로 국민들을 위해 나라 살림을 맡아 하는 곳이 있어요. 그게 어디냐고요?

우리가 보통 정부라고 부르는 행정부가 바로 그런 곳이에요. 국회에서 국민을 위한 법률을 만들면 행정부는 그 법률에 따라 국민이 낸 세금으로 나라 살림을 해요.

우리 부모님이 우리를 위해 알뜰살뜰 살림을 꾸리는 것처럼 행정부도 국민을 위해 공공시설을 세우거나 필요한 곳에 도로와 다리를 건설해요.

> **핵심 포인트**
> 행정부는 국민들이 낸 세금으로 나라 살림을 하는 곳이에요.

또 안전하고 좋은 환경에서 국민이 살 수 있도록 환경을 보호하고 국민건강, 범죄 예방 등에도 신경을 써요.
행정부에는 최고 책임자인 대통령, 국무총리, 각부 장관들이 속해 있어서 나랏일들을 함께 해 나간답니다.

- 열여덟 개의, 서로 다른 행정부서

행정부에는 대통령을 책임자로 그 아래에 국무총리와 각 부서의 장관, 차관, 공무원들이 함께 나라 살림을 나누어 맡아서 하고 있어요. 좀 더 효과적이고 능률적으로 나라 살림을 하기 위해서지요.

행정부에는 다음과 같은 부서가 있어요.

나라의 돈을 관리하는 일은 기획재정부에서 해요. 또 과학기술의 발전을 위해 과학기술정보통신부가 있어요. 국민 교육에 힘쓰는 교육부도 있어요. 외국과의 무역이나 나라끼리의 조약과 같은 일을 보는 외교부도 있지요.

그 밖에 행정부의 다른 부

톡톡 맞춤지식

정부 청사가 뭘까?

나랏일을 하는 여러 행정부서들이 모여 있는 건물을 정부 청사라고 해요. 현재 우리나라에는 광화문, 과천시, 세종시 이렇게 모두 세 곳에 정부 청사가 있어요.

서로는 다른 나라의 침략으로부터 나라를 지키는 국방부를 포함해서 문화체육관광부, 환경부, 여성가족부, 고용노동부 등 모두 열 여덟 개의, 서로 다른 일과 역할을 맡는 부서들이 있답니다.

- 대통령이 하는 일

우리나라를 대표하는 대통령은 나라를 책임지는 중요한 사람이에요. 그래서 해야 할 일도 무척 많아요.

대통령은 우리나라를 다른 나라에 알리는 일을 해요. 또 외국과 친하게 지낼 수 있게 외교 활동도 벌여요. 새 법을 만들자고 국회에 제안하거나, 국회에서 만든 법을 거부할 수도 있어요.

대통령은 또 행정부의 최고 책임자로서 공무원을 임명하고, 여러 행정 부서와 함께 나랏일을 돌봐요. 다른 나라와 전쟁을 하기 전에 전쟁을 알리는 선전포고를 하거나 군대를 지휘하는 것도 대통령이 하는 일이에요.

특히 우리나라는 남북으로 나누어진 분단국가이기 때문에 평

> 핵심 포인트
> 대통령은 우리나라를 대표하는 사람이면서 또한 행정부의 최고 책임자예요.

화적인 통일을 위한 노력도 빼놓을 수 없는 대통령의 중요한 일이에요. 또 대통령은 지진이나 홍수, 화산 등으로 국가에 긴급한 일이 생기면 긴급 명령을 내려 국민을 안전하게 지켜야 해요.
어휴, 대통령이 되면 좋은 줄만 알았는데 해야 할 일이 너무 많지요?

- 대통령이 되려면

우리 친구들 중에는 대통령이 되고 싶다고 생각하는 친구들도 있을 거예요. 그러면 대통령은 어떻게 되는 걸까요? 나라마다 조금씩 다르지만 우리나라에서는 5년마다 한번씩 국민들이 직접 대통령을 뽑아요.

대통령은 한 사람이 여러 번 오랫동안 할 수 없고 5년 동안 딱 한번만 할 수 있어요. 40세 이상의 국민이면 누구나 대통령 후보에 등록 할 수 있지만 범죄를 저질러서 처벌을 받고 있다면 후보로 나설 수 없어요. 또 대통령이 되려면 정치적으로 같은 뜻을 가진 사람들이 모여 있는 정당의 추천을 받아야 하지요.

국민들이 투표를 해서 대통령으로 뽑히게 되면 5년 동안 우리나라의 대통령으로, 청와대에 살면서 업무를 보아요.

하지만 모든 나라가 우리나라처럼 대통령이 있는

것은 아니에요. 영국이나 일본처럼 아직도 왕이 있는 나라들은 의회나 정당의 최고 책임자인 수상이 대통령처럼 나랏일을 맡아서 한답니다.

15. 공정하고 올바른 판결, 사법부

- 법이 필요한 이유

사람들 사이에 다툼이 있거나 법을 어긴 경우 법에 따라 판결을 내려 사회 질서를 유지하는 곳이 사법부예요.

학교에는 우리가 지켜야 할 규칙들이 있어요. 아프거나 특별한 일이 없는데 결석을 해서는 안돼요. 만약 이걸 어기게 되면 선생님께 야단을 맞거나 벌을 받게 되지요.

나라의 법도 마찬가지예요. 법은 사람들이 안전하고 행복하게 살아가기 위해 서로 필요한 규칙들을 정해 놓은 것이에요.

만약 법이 없다면 어떻게 될까요?

나쁜 사람이 다른 사람 물건을 함부로 가져갈 수도 있고 힘 센 사람이 이유 없이 약한 사람을 괴롭힐 수도 있어요.

또 쓰레기를 마구 버려서 거리가 온통 더러워지거나 교통 신호가 엉망이 되어서 사람들이 다칠 수도 있지요.
하지만 법이 있다면 그런 일은 쉽게 일어나지 않아요.
힘없는 사람을 보호하고 정의로운 사회를 만드는 것이 바로 법이 있는 이유니까요.

– 내가 최고! 법 중의 법, 헌법

집안에 형과 동생이 있는 것처럼 법에도 높은 법과 아래 법이 있어서 높은 법이 아래 법보다 우선 되지요. 학생 전체가 지켜야 할 학교 교칙이 반에서 지켜야 하는 학급의 규칙보다 더 우선인 것처럼 말이에요.

우리가 지켜야 할 법에는 헌법, 법률, 명령 등이 있어요. 이 중 헌법과 법률은 입법부인 국회에서 만들고 명령은 대통령이나 국무총리, 행정부의 장관들이 만들어요. 이 중에서 가장 높은 법은 헌법이에요.

헌법은 국회에서 만들지만 국민들이 투표로 결정하기 때문에 국민의 뜻이 반영된 국가 최고법이에요.

만약 국회에서 헌법을 고

톡톡 맞춤지식

헌법, 언제 만들어졌을까?

우리나라 최초의 헌법은 1948년 7월 17일에 만들어졌어요. 제헌절은 헌법이 만들어진 날을 기념하기 위해 정한 날이에요.

치거나 새로 만들어야 한다면 먼저 국민의 찬성과 동의를 얻어야 하지요.

헌법에는 국민이 주인인 민주주의 원칙에 따라 국민의 권리와 의무는 물론이고 우리나라를 다스리는 데 필요한 기본적인 내용들이 담겨 있답니다.

― 에헴! 네 죄를 네가 알렸다!

우리가 친구들과 사소한 일로 시비가 붙어 다툴 때가 있는 것처럼 사람들이 함께 살다 보면 문제가 생겨 싸움이 날 때가 있어요.
누군가 공정하게 옳고 그름을 가려준다면 더 이상 싸움이 나거나 억울한 일은 생기지 않을 거예요. 그런데 다행히 그런 곳이 있답니다.
사법부의 법원은 사람들 사이에서 생긴 문제의 옳고 그름을 가려 싸움을 막고 억울한 일이 생기지 않게 도와줘요.
다툼이 생기면 법원은 그 문제의 잘잘못을 법에 따라 공정하게 판단해서 결정을 내려요. 이것이 재판이에요.
재판에는 사람들 사이에서 일어나는 사사로운 시비를 다루는 재판도 있고, 사회를 어지럽힌 무겁고 나쁜 죄를 다루는 재판도 있어요.

주차장에서 차가 긁히는 사사로운 시비로 재판을 해서 잘못이 인정되면 벌금을 물거나 변상을 해요.
하지만 다른 사람의 물건을 훔치거나 다치게 했을 땐, 무거운 죄로 인정받아 재판을 받고 감옥으로 보내지지요.

- 재판도 세 번이 기본이야!

법원에서 재판을 할 때는 더 정확하고 공정하게 하기 위해서 세 번에 걸쳐 재판을 한답니다.

어떤 시비가 해결이 나지 않을 땐 먼저 지방법원에서 재판을 해요. 보통 한 사람의 판사가 재판을 해서 결정을 내리지만 중요한 사건은 세 명의 판사가 함께 의논해서 결정을 내려요.

그런데 만약 재판을 받은 사람이 지방법원의 결정을 받아들일 수 없을 땐 다시 재판을 요구할 수 있어요.
그러면 두 번째 재판은 고등법원에서 이루어지지요. 고등법원에서는 세 명의 판사가 함께 재판하고 결정을 내려요.
만약 고등법원의 결과도 받아들일 수 없다고 한다면 마지막으로 대법원에 재판을 요구해요.
이것이 재판의 최종 결과가 되는 것이지요.

나라 밖 정치가 궁금해!

16. 민주정치의 시작

― 민주정치가 가장 먼저 시작된 곳, 아테네

민주정치가 가장 먼저 시작된 곳은 어디일까요?

바로 그리스 아테네예요. 옛날 그리스에는 수많은 도시국가들이 있었는데 아테네도 그 중의 하나였어요. 아테네에서는 시민들이 함께 모여 나랏일을 의논하고 대표자도 직접 투표로 뽑았지요. 그래서 아테네의 이런 정치 모습을 두고 직접 민주정치라고 해요.

아테네 시민들은 민회라는 기구를 두어 시민들이 지켜야 할 법을 만들고 나랏일을 직접 의논하고 결정했어요.

쉽게 결정 나지 않는 문제들은 더 많은 사람들이 찬성하는 다수결 원칙을 따랐어요. 나라에 위험이 될 수 있는 사람을 쫓아낼 것인지의 여부도 투표로 결정해서 만약 여기서 이름이 나온 사람은 나라에서 추방되고 쫓겨나야 했답니다. 이렇게 모든 것을 시민이 직접 결정한 아테네를 보면 지금보다 훨씬 더 민주 국가인 것처럼 보이지요?
하지만 엄밀히 말해 아테네 정치는 18세 이상의 남자 시민에게만 해당되는 반쪽 민주정치라고 할 수 있어요. 왜냐하면 아테네는 여자, 외국인, 노예들은 시민에 포함시키지 않는 불평등한 사회이기도 했으니까요.

– 나라의 주인이 왕?

민주주의 국가에서 나라의 주인은 국민이지요. 하지만 왕이 있던 옛날에는 나라의 주인은 국민이 아니라 왕이었어요. 그래서 왕이 나라를 다스리다가 죽으면 그 아들이 또 왕이 되어 나라의 주인이 되었어요.

나라의 주인이 왕이기 때문에 왕은 나라의 모든 것을 마음대로 할 수 있었어요. 그래서 백성들을 괴롭히고 나라 돈도 함부로 쓰는 나쁜 왕도 있었어요.

왕은 백성이 불만을 갖는 것을 막기 위해 왕의 자리는 신으로부터 받은 거라고 우기기도 했지요. 그래서 백성들은 모두 왕의 말에 복종하고 따라야 한다고 생각했어요.

또 왕 아래에 신분이 높은 사람과 낮은 사람을 두고 신분이

> **핵심 포인트**
> 민주 국가에서 나라의 주인은 국민이지만 군주 국가는 왕이 나라의 주인이에요.

높은 사람이 신분이 낮은 사람을 지배할 수 있도록 했어요. 신분이 높은 귀족은 왕에게 충성만 잘 하면 재산과 땅을 많이 가질 수 있었어요. 하지만 신분이 낮은 평민이나 노예는 신분이 높은 귀족의 땅에서 죽을 때까지 일만 하고 살아야 했답니다.

 — 참을 수 없어 왕을 쫓아낸 영국의 명예혁명

옛날에는 왕이 마음대로 나라를 다스렸어요. 함부로 나라의 돈을 쓰고 전쟁도 벌였어요. 왕이나 신분이 높은 귀족들의 사치스런 생활을 위해 백성들은 언제나 무거운 세금에 허덕여야 했지요. 오랫동안 힘들게 지내야 했던 사람들은 더 이상 참을 수 없어서 시민혁명을 일으켰어요.

그 중 명예혁명은 영국에서 일어난 시민혁명 중 하나예요. 영국에서는 일찍부터 다른 나라와 달리 의회가 발달했는데 의회에는 자기 스스로 농사를 짓거나 장사를 해서 돈을 많이 번 시민들이 있었어요.

시민들은 왕이 나라의 주인 행세를 하면서 함부로 전쟁을 하거나 사람들을 다루는 것에 불만이 많았어요.

왕은 마음대로 종교를 강요하고 이유 없이 세금도 많이 걷었지요. 사람들은 결국 그런 왕을 쫓아내고 의회를 통해 나라를 다스릴 수 있도록 했어요.

주인 행세를 하던 왕 대신 새로운 왕을 뽑고 왕이 나라를 다스릴 권한은 없도록 한 거예요.
영국의 명예혁명은 이런 과정이 전쟁을 통해서가 아니라 명예롭게 이루어졌다고 해서 붙여진 이름이에요.

 – 자유와 독립을 위한 미국 독립혁명

지금의 미국이 어떻게 세워졌는지 아는 친구들이 있나요? 미국은 다른 나라에 비해 역사가 짧아요. 영국에서 종교의 자유와 경제적 어려움을 겪던 많은 사람들이 미국으로 건너가 세운 나라이기 때문이에요.

미국은 다른 나라 사람들이 잘 모르던 낯선 땅이었지요. 그래서 처음으로 도착한 사람들은 영국으로부터 아무런 간섭도 받지 않았어요.

그런데 영국이 이웃 나라와 전쟁으로 어려워지자 미국으로 건너간 사람들에게도 세금을 내라고 요구했어요. 미국에 있던 사람들은 그런 영국에 강하게 반발했지요.

그러자 당황한 영국은 이런 저런 이름으로 거둬 들이려던 세금을 없애는 대신 사람들이 자주 마시는 차에 엄청난 세금을 붙였어요.

또 영국 사람들이 마시지 않는 오래된 차를 미국 사람들에게 팔았어요. 이것을 알게 된 사람들은 화가 나서 영국에서 차를 가득 실어 보낸 배를 불태워버렸어요.
이 일로 갈등이 심해진 두 나라 사이에 전쟁이 벌어졌어요. 영국의 간섭에 맞서 일어난 이 전쟁에서 미국은 영국을 이기고 독립해서 나라를 세우게 되었답니다.

- 자유를 달라! 프랑스 시민혁명

프랑스는 다른 나라보다 왕의 힘이 훨씬 큰 나라였어요. 그래서 자기 맘대로 나라를 다스리는 왕들도 많았어요.

프랑스 국민 대다수는 힘든 일을 하고 무거운 세금을 냈기 때문에 사람들의 불만은 무척 컸어요. 거기다 미국이 영국과 싸워서 이기고 독립을 했기 때문에 사람들은 그런 자유롭고 평등한 사회에서 살고 싶어 했지요.

그런데도 왕은 계속해서 사치스런 생활로 사람들을 괴롭혔어요. 살기가 어려워진 사람들 중에는 굶어 죽는 사람들도 생겨났지요. 더 이상 참을 수 없게 된 시민들은 죄 없는 사람들이 많이 갇혀 있던 나라의 가장 큰 감옥을 습격해서 혁명을 일으켰어요. 그리고 억울한 신분제도를 없

> **핵심 포인트**
> 프랑스 혁명은 낡고 불평등한 신분 사회를 참을 수 없게 된 시민들이 일으킨 시민혁명이에요.

애고 자유롭고 평등하게 살겠다고 선언했지요. 시민혁명으로 결국 프랑스에서는 왕이 나라를 다스리는 왕정과 귀족 사회가 무너지고 말았답니다.

17. 모든 나라가 사이좋게

― 국제 관계를 어떻게 풀어 가면 좋을까?

사람은 누구도 혼자서 살아 갈 수 없기 때문에 여러 사람들과 함께 사회를 이루고 살아요.

우리가 속한 사회에는 가족, 친구도 있지만 크게 보면 지역과 국가도 있어요. 그리고 좀 더 크게 보면 나라끼리 관계를 맺는 국제 사회도 있어요.

우리 모두가 국제 관계 속에서 살아가고 있는 거예요.

그런데 사람들이 사는 사회는 언제나 크고 작은 갈등과 다툼이 생기기 마련이지요. 그래서 이를 잘 해결하기 위해 정치가 필요한 거예요.

국제 사회도 마찬가지예요. 서로의 입장과 생각이 달라서 언제든 다툼과 문제가 생길 수 있어요.

이런 문제가 일어나지 않

도록 나라끼리 외교 활동을
벌여서 사이좋게 지낼 수 있도록
애를 쓰지요. 하지만 나라와 나라는
서로 자기 나라의 이익을 먼저 생각하기
때문에 다툼이 잘 해결이 되지 않지요.
그러나 내가 아무리 가진 게 많아도 혼자서는
살아갈 수 없듯이 나라도 마찬가지랍니다.
모두가 함께 사이좋게 살아가기 위해서는 각 나라가
서로의 입장을 이해하고 양보하며 문제를 풀어 나가려는
노력이 무엇보다 중요하답니다.

핵심 포인트
국제 관계도
나라와 나라 사이에
이해와 양보가
필요해요.

― 서로 다른 나라 사이의 갈등, 전쟁

텔레비전 뉴스나 신문에서 우리는 종종 전쟁에 관한 소식을 듣곤 해요. 사람들이 죽거나 무너지고 불타는 건물 사진들을 볼 때도 있어요. 그런 사진들을 보면 기분도 안 좋고 속상할 때도 많지요.
그런데도 사람들은 왜 전쟁을 벌이는 걸까요?
우리가 다른 사람과 갈등이 커졌을 때 다툼이 생기는 것처럼 나라끼리도 갈등이 커지면 싸움이 일어날 수 있어요.
그런데 그런 갈등이나 문제를 살펴보면 대부분 나와 다른 생각을 갖거나 나와 다른 민족이거나, 다른 종교를 가졌다는 이유로 전쟁을 벌이는 경우가 많아요.
또 힘이 센 나라가 경제적인 이익을 위해서 약한 나라를 상대로 전쟁을 벌인 경우도 있어요. 두 번에 걸친 세계 전쟁도 그랬어요.
1차 세계대전은 프랑스, 독일, 영국 같은 나라들이 더 넓은 땅과 시장을 차지하기 위해 보다 약한 나라를 식민지로 삼으면서 벌어졌어요.
2차 세계대전도 다르지 않아요. 독일, 이탈리아, 일본이 주변의 다른 나라를 침략해서 벌어진 전쟁이에요. 여러 나라가 참가한 이 전쟁의 결과는 끔찍하고 비참했지요.
서로 다른 차이를 인정하고 조금씩만 양보하면 될 것 같은데 사람들은 그걸 모르는 걸까요?

- 평화와 안전을 지키기 위한 노력

두 번의 세계 전쟁 후 국제 사회는 전쟁이 일어나지 않도록 국제기구를 만들었어요. 이것이 국제연합이에요.

국제연합은 나라 사이에 갈등과 문제가 생기면 이를 조정해서 전쟁이 일어나지 않도록 해요. 그런데도 만약 전쟁이 일어나면 전쟁이 일어난 곳에 군대를 보낼 것인지를 의논해서 여러 나라의 군인들로 이루어진 연합군을 보내 도와줘요. 우리나라에 6.25 전쟁이 벌어졌을 때도 국제연합이 연합군을 보내줬어요.

국제연합은 또 여러 기구를 두고 세계 평화에 도움이 될 다양한 일들도 해요. 유니세프는 여러 나라에 있는 어려운 어린이를 도와요.

유니세프, 유네스코, 세계 인권 위원회 등 여러 기구를 두고 있는 국제연합은 제2차 세계대전 이후 세계 평화를 유지하고 전쟁을 막기 위해 만든 국제기구예요.

핵심 포인트

또 세계 인권 위원회는 인종이나 종교, 성별 등의 차별을 없애려고 애를 써요. 세계 문화유산을 보호해서 후손들에게 물려주기 위한 유네스코라는 기구도 있어요. 우리나라에 있는 불국사나 석굴암 등도 여기에 등록되어 세계 문화유산의 하나로 보호 받고 있지요.

18. 나라끼리 서로 협력하고 도와줘요

- 여러 국제기구

국제 사회는 무역, 교육, 문화를 서로 주고받으며 사이좋게 지내기 위해 여러 국제기구를 만들었어요.

그런 것들 중 세계무역기구(WTO)는 나라 간의 큰 다툼이나 불만 없이 무역을 잘하기 위해 만든 세계 무역기구예요. 국제통화기금(IMF)은 갑작스런 경제 위기로 어려움을 겪는 나라에 돈을 빌려 주는 국제금융기구예요. 우리나라도 한때 한국은행에 달러가 모자라서 수입한 물품의 값을 내지 못하고 나라가 경제적으로 어려움을 겪을 때 국제통화기금의 도움을 받은 적이 있어요.

운동 경기를 통해 나라 간의 친목을 쌓기 위한 국제기구도 있어

요. 국제 올림픽 위원회(IOC)는
세계 올림픽 대회를 여는 조직이에요.
뿐만 아니라 국제기구에는 지역 간의 협력을 위한 것도
있어요. 대표적인 것으로 유럽의 정치, 경제 협력을 위해
만든 유럽연합(EU)이 있어요. 유럽연합에 가입된 나라들은
마치 한 나라처럼 같은 화폐인 유로를 쓰고, 다른 나라를
여행하고 옮겨 다니고 직장을 얻는 일이 자유로워요.
그런가 하면 동남아시아 국가 연합(ASEAN)은
우리나라와 중국, 일본, 필리핀 등
동남아시아의 여러 나라들이 경제,
사회, 문화 등을 서로 돕기 위해
만든 국제 협력 기구예요.
이처럼 오늘날 국제 사회는
거대한 거미줄 같이 여러 가지
관계로 서로 얽혀 있어요.

그러면서 나라마다 경제, 금융, 통신, 교통, 환경 등에서 서로 도움을 주고 받아요.

국제기구는 평화유지와 국제 협력에서 큰 역할을 하면서 세계 여러 나라가 서로 친밀한 관계를 가지고 발전 할 수 있도록 중요한 역할을 하고 있어요.

국제기구는 세계 여러 나라들이 서로 협력해서 사이좋게 지내기 위해 만든 것이에요.

핵심 포인트